EL DERECHO AL VOTO DE LAS MUJERES EN FRANCIA

Un acontecimiento clave que pasó desapercibido

Por Rémi Spinassou
En colaboración con Mathieu Beaud
Traducido por Marina Martín Serra

Historia · en50MINUTOS.es

EL DERECHO AL VOTO DE LAS MUJERES EN FRANCIA

- **¿Cuándo?** Las francesas obtuvieron el derecho al voto el 21 de abril de 1944.
- **¿Contexto?**
  - La liberación de Francia.
  - La preparación de un proyecto de transición política y de reconstrucción de la sociedad.
- **¿Principales protagonistas?**
  - Fernand Grenier, político francés (1901-1992).
  - La Asamblea Consultiva provisional.
  - El Comité Francés de Liberación Nacional.
- **¿Repercusiones?**
  - La integración de las mujeres en el sufragio universal y la lenta asimilación de este nuevo derecho.
  - El reconocimiento del derecho de las mujeres a ser elegidas en funciones políticas a pesar de contar con una baja representación en las instituciones durante los años subsiguientes.

El 24 de marzo de 1944, Fernand Grenier (1901-1992), miembro comunista de la Asamblea Consultiva provisional de Argel, introduce una enmienda para instaurar el derecho al voto de las mujeres. La asamblea, compuesta por partidarios de la república, aprueba la propuesta con 51 votos a favor y 16 en contra. Un mes más tarde, el 21 de abril, una ordenanza del Comité Francés de Liberación Nacional, copresidido por Charles de Gaulle (1890-1970), establece las bases para la organización de los poderes públicos después de la Liberación. El artículo 17 del texto afirma que «las mujeres son electores y elegibles en las mismas condiciones que los hombres» (Ediciones del Congreso de la República 1971, 47). Estas últimas, por tanto, votan por primera vez en las elecciones municipales del mes de abril de 1945.

Este avance se produce después de un siglo y medio de debates sobre el lugar que hay que conceder a las mujeres en la sociedad civil y sobre su capacidad para ejercer plenamente el papel de ciudadanas. Por lo tanto, no debe ser considerado como un hecho aislado, sino que forma parte de una evolución cuyos orígenes se remontan a la Revolución (1789). Del mismo modo, la afirmación de la igualdad política entre hombres y mujeres no debe ocultar una realidad más contrastada: en efecto, el derecho de voto concedido a las mujeres es, más que un resultado, una etapa —ciertamente importante— en la larga historia de los debates y de las luchas para alcanzar la igualdad de género real en la sociedad.

Si bien algunos países lo conceden muy temprano, como en el caso de Australia (1901) o de Inglaterra (1928), donde las sufragistas lucharon ferozmente, otros tardan mucho más en acordarlo, como en el caso de Arabia Saudita (2015). Así pues, el tema sigue siendo de actualidad y la situación francesa se puede comparar con la de otros países europeos.

CONTEXTO

UN TEMA LARGAMENTE DEBATIDO

Aunque la Revolución es el escenario de importantes debates sobre la ciudadanía y el sufragio universal, rápidamente se reconoce que estos derechos solo deben aplicarse a los hombres. La controversia sobre el sufragio y la ciudadanía vuelve a aparecer de forma regular durante el siglo siguiente, a merced de la inestabilidad política y de los sucesivos cambios de régimen, pero el reconocimiento de estos principios para las mujeres sigue siendo una reivindicación muy minoritaria. Bajo la Monarquía de Julio (1830-1848) aparecen las primeras protestas. La idea de una igualdad entre hombres y mujeres se refleja en particular en las diferentes corrientes del socialismo utópico, sobre todo en los sansimonistas y los fourieristas. Flora Tristán (feminista y socialista francesa, 1803-1844), para quien la defensa de los derechos de las mujeres va de la mano con la de la causa obrera, es quien mejor encarna el activismo femenino de la época.

La Revolución de 1848 y el establecimiento del sufragio universal vuelven a poner sobre la mesa la cuestión del derecho de las mujeres a la ciudadanía. Algunos grupos de activistas reivindican la obtención de derechos políticos iguales a los de los hombres, pero sus argumentos no tienen mucho eco entre los republicanos. Incluso George Sand (1804-1876), entonces considerada como la encarnación de la mujer libre e independiente, se distancia de estas reivindicaciones.

Retrato de George Sand.

Sand considera que se debe dar prioridad a los derechos civiles (derecho al trabajo, al divorcio, a la educación, etc.) y no a los derechos políticos. Entre los diputados socialistas, solo Victor Considerant (1808-1893) propone la instauración del voto femenino.

Esta misma cuestión vuelve a aparecer durante la Tercera República (1870-1940), primero a través de Hubertine Auclert (1848-1914). A finales de la década de 1870, esta milita activamente a favor de la igualdad entre hombres y mujeres, y alienta a estas últimas a presentarse a las elecciones, incluso sin autorización. En 1909 se crea la Unión Francesa para el Sufragio de las Mujeres (UFSF, por sus siglas en francés), que en 1914 ya tendrá entre 10 000 y 15 000 miembros. Su figura principal, Cécile Brunschvicg (1877-1946), desea —como muchas feministas— diferenciarse de las prácticas de las sufragistas inglesas, cuyas acciones se consideran demasiado radicales. Brunschvicg se centra en la identidad natural propia de las mujeres, así como en sus características específicas, que según ella las hace más propensas a aportar nuevas ideas a la República (especialmente en las cuestiones sociales, morales y familiares). Poco a poco, el sufragismo va ganando terreno y seduce, entre otros, los ambientes católicos, lo que contribuye a aumentar la desconfianza de los republicanos anticlericales.

Durante los primeros años del siglo XX, varios proyectos de ley tratan de mejorar la situación política de las francesas, sobre todo para las elecciones locales, sin conducir a avances concretos. En 1919 aparecen nuevas esperanzas, cuando la Asamblea Nacional aprueba por amplia mayoría el derecho al voto para las mujeres en las mismas condiciones que los hombres. Pero, de nuevo, el proceso no consigue el resultado deseado, puesto que el proyecto es rechazado por el Senado. Si bien es cierto que las mujeres gozan de una mejora de su situación en diferentes ámbitos, la cuestión del derecho al voto permanece estancada.

Durante el período de entreguerras, el movimiento feminista gana influencia, incluso dentro de los distintos partidos políticos, sobre todo gracias a su pacifismo y a que no cuestiona los valores familiares tradicionales: para muchas feministas, tener hijos es deber de las mujeres, y el aborto no puede ser justificado. Pocas son las que, como Madeleine Pelletier (1874-1939), cuestionan los valores burgueses de la época. Sin embargo, durante los años treinta, este feminismo moderado es cuestionado por Louise Weiss (1893-1983). En el año 1934, esta última crea la asociación La Femme Nouvelle y trata de agitar las conciencias con acciones más radicales: por ejemplo, organiza una reunión de mujeres encadenadas en la plaza de la Bastilla y presenta una candidatura simbólica a las elecciones municipales de 1935.

Louise Weiss junto con otras sufragistas que sostienen periódicos en los que se puede leer «La mujer francesa debe votar», en 1935.

Su imagen contrasta con la de Cécile Brunschvicg, cuya respetabilidad política le permite convertirse en secretaria de Estado de Educación Nacional en el Gobierno de León Blum (1872-1950). El mismo año, la Asamblea Nacional aprueba por segunda vez en dos años casi por unanimidad el derecho al voto para las mujeres. No obstante, el Senado vuelve a rechazar el proyecto.

La lucha de las sufragistas en Gran Bretaña

A diferencia de Francia, Gran Bretaña instaura el derecho al voto para las mujeres en varias etapas. En 1869, las mujeres que cumplen con los criterios del sufragio censitario (mediante el pago de un impuesto) adquieren el derecho al voto en las elecciones municipales. En 1918, las que han alcanzado los 30 años pueden votar en las elecciones nacionales. Pero no pueden ser elegibles ni pueden votar en las mismas condiciones que los hombres, es decir, a partir de los 21 años, hasta 1928. Aunque, durante este período, varios movimientos feministas tratan de ampliar los derechos políticos de las mujeres, hay que esperar hasta principios del siglo XX para que la lucha se vuelva más radical.

En 1903, Emmeline Pankhurst (1858-1928) funda la Unión Política y Social de las Mujeres, una asociación que lucha por los derechos políticos de las mujeres de una forma mucho más ofensiva que la que hasta entonces llevaba a cabo la Unión Nacional de Sociedades para el Sufragio Femenino, otro grupo feminista dirigido por Millicent Fawcett (1874-1929). En ese momento, aparece la palabra «suffragettes» para describir a estas activistas que abogan por una acción radical para obtener el derecho al voto. Durante los años subsiguientes, se organizan varias manifestaciones espectaculares que con frecuencia acaban con la detención de algunas de las participantes. Su voluntad es tan fuerte que muchas de ellas no dudan en iniciar huelgas de hambre desde sus celdas y ven cómo las autoridades las alimentan a la fuerza. Los acontecimientos toman un giro dramático en 1913 durante una carrera de caballos en Epsom, cuando la sufragista Emily Davison (1872-1913) entra en la pista y es golpeada por un caballo del rey Jorge V (1865-1936). A los pocos días, perece a causa de sus heridas, sin que nadie pueda descubrir las motivaciones exactas de su gesto.

Movimiento de las sufragistas en Kingsway en 1911.

La Primera Guerra Mundial (1914-1918) rompe la unidad del movimiento feminista, ya que muchas sufragistas participan espontáneamente en el esfuerzo de guerra. A continuación, el retorno a la paz y la obtención del derecho al voto de las mujeres a partir de 30 años contribuyen a disiparlo todavía más.

UNA CONDICIÓN FEMENINA QUE EVOLUCIONA SIN DEJAR DE SER PRECARIA

En 1944, el derecho al voto y a la elegibilidad de las mujeres pasa a formar parte del contexto del final de la guerra y de la Liberación. Aunque los movimientos feministas se mantienen alejados de las redes de la Resistencia, muchas mujeres —famosas o anónimas— se implican mucho en ellas. Las instituciones de transición establecidas tras la Liberación también ven cómo muchas resistentes consiguen puestos de responsabilidad, como en el caso de Lucie Aubrac (1912-2007), responsable de la supervisión de los Comités Departamentales de Liberación, o de Raymonde Fiolet (1914-1946), nombrada alcaldesa de Soissons en 1944.

En 1946, los diputados hacen que en el preámbulo de la Constitución de la Cuarta República conste la igualdad de género. Sin embargo, la obtención de este derecho —aunque hoy en día se considera un gran avance en la historia de la república— está a punto de no tener lugar, en una Francia devastada y enfrentada a problemas más importantes como la gestión de la depuración, la reconstrucción o incluso el abastecimiento.

Asimismo, la situación de las mujeres en Francia después de 1945 es paradójica. A pesar de que dan un paso decisivo hacia la emancipación cívica, su situación en el ámbito social y profesional apenas avanza: todo lo contrario. La historiadora Michèle Riot-Sarcey señala que si, en 1946, el 45 % de las mujeres en Francia eran activas y empleadas —contra el 88 % de los hombres— en 1954 la cifra baja al 38 %. Esta caída puede explicarse sobre todo por la herencia de algunas leyes del régimen de Vichy (1940-1944). Este último desarrolla una fuerte política de natalidad, implementando una serie de medidas para limitar a las mujeres a su papel de madres en el hogar: la función pública y parapública estaban prohibidas para las mujeres casadas, el derecho al divorcio estaba restringido, el aborto era reprimido —e incluso podía conllevar la pena de muerte— y la sociedad promovía ampliamente el oficio de madre. Aunque la Liberación trae un soplo de aire fresco a la organización social del país, el deseo de estimular la natalidad todavía está muy presente, y se traduce sobre todo en el establecimiento del cociente familiar y luego de la asignación familiar, de la prestación por maternidad y de las ayudas prenatales, en el marco de la Seguridad Social recientemente creada.

Estas medidas reciben un amplio apoyo de las organizaciones feministas, cuyo perfil está cambiando en relación con el de los movimientos de antes de la guerra. Ahora no se trata tanto de abogar por el reconocimiento de una identidad femenina propia como de poner de relieve la importancia de las mujeres en la reconstrucción de la sociedad, reivindicando los valores de la Resistencia (la valentía y el sentido del sacrificio). La organización Unión de las Mujeres Francesas (UFF, por sus siglas en francés), cercana al Partido Comunista Francés (PCF), es un buen ejemplo de ello: rechazando explícitamente el ideal de los movimientos feministas de antes de la guerra, se interesa por los problemas concretos a los que se enfrentan las mujeres —y especialmente las madres—, es decir, el abastecimiento de sus familias y la educación de sus hijos. La UFF, cuyas filas incluyen a resistentes y antiguas deportadas, cosecha un gran éxito al final de la guerra, pasando de 180 000 miembros en 1944 a 627 000 un año más tarde. Esta popularidad puede explicarse por la proximidad de la organización con el PCF, que en esa época se convierte en pionero en materia de representación femenina: más de la mitad de las mujeres elegidas diputadas en 1946 —que todavía constituyen solamente una pequeña parte de la asamblea— están vinculadas al Partido Comunista.

UNA EUROPA CAMBIANTE

La situación de las francesas es comparable a la de sus vecinas europeas. En este período de descomposición de varios regímenes totalitarios, otros países se dotan de una constitución que reconoce la igualdad entre hombres y mujeres en todos los ámbitos. Es el caso de Italia en 1947 y luego de la República Federal de Alemania en 1949, un año después de la inclusión del principio en la Declaración Universal de Derechos Humanos.

Más allá de estos grandes textos que ilustran sobre todo un ideal, la obtención de derechos políticos similares a los de los hombres por parte de las mujeres se hace de forma muy distinta según los países. Estos logros son más precoces en los países anglosajones y en el norte de Europa, donde el derecho es más liberal. Desde el comienzo de los años veinte, se establecen los derechos políticos de las mujeres en todos los países escandinavos, así como en Irlanda (1918), Alemania (1919) y el Reino Unido (1928).

El hecho de que algunos países —al igual que Francia— retrasen la adopción de estas medidas puede explicarse de diferentes maneras. En primer lugar, la influencia del Código Civil —que priva a las mujeres casadas de todos los derechos legales, colocándolas bajo la responsabilidad de su marido— es un obstáculo importante para el reconocimiento de la igualdad de género. El retraso también se justifica por la influencia de la religión católica, todavía muy presente en algunos países como Italia, donde las mujeres no obtienen el derecho al voto hasta 1945, pero también en España y Portugal, donde la obtención muy tardía de este derecho —en los años setenta— se explica también por el mantenimiento de regímenes totalitarios.

En Francia, el argumento religioso se utiliza a menudo bajo la Tercera República, pero de una manera negativa: los anticlericales son los que lo ponen de relieve, por temor a que el comportamiento electoral de las mujeres esté demasiado influido por la religión católica y favorezca así el retorno de sus representantes a los asuntos políticos.

ACTORES PRINCIPALES

FERNAND GRENIER, POLÍTICO FRANCÉS

Originario de Tourcoing, Fernand Grenier se convierte en miembro del Partido Comunista a principios de la década de los años veinte y en diputado por el Sena en 1937. Ocupa este cargo hasta 1940, momento en el que es depuesto, antes de ser detenido y encarcelado por haber reactivado las organizaciones comunistas. Se escapa en 1941 y llega a Londres dos años más tarde, donde se convierte en el delegado del Partido Comunista junto con el general De Gaulle. A continuación, pasa a ser miembro de la Asamblea Consultiva provisional, en la que propone la enmienda para instaurar el sufragio femenino. En abril de 1944, entra en el Comité Francés de Liberación Nacional (CFLN), en el que De Gaulle lo nombra comisario del Aire. Después de la guerra, vuelve a ser diputado por el Sena, un cargo que mantiene hasta 1968. Es autor de varios libros sobre sus recuerdos de guerra, así como de una obra más controvertida, escrita en 1950, en la que elogia la URSS de Iósif Stalin (1878-1953). Muere en 1992 en Saint-Denis.

EL COMITÉ FRANCÉS DE LIBERACIÓN NACIONAL

El 3 de junio de 1943, los generales Charles de Gaulle y Henri Giraud (1879-1949) crean el CFLN en Argel. Ambos serán sus copresidentes durante unos meses, hasta que el primero aparta del puesto al segundo. El objetivo del comité es fusionar las dos autoridades de la Francia combatiente —la de Londres, dirigida por De Gaulle, y la de Argel, coordinada por Giraud—. El CFLN está formado por una cantidad de comisarios que evoluciona progresivamente, pasando de 5 a 17, y cada uno es responsable de un ámbito específico (asuntos exteriores, armamento, comercio, justicia, etc.). En agosto de 1943, Gran Bretaña, los Estados Unidos y la URSS reconocen oficialmente el comité. El 3 de junio de 1944, un año después de su creación, deja de existir para dar lugar al Gobierno provisional de la República Francesa.

LA ASAMBLEA CONSULTIVA PROVISIONAL

En septiembre de 1943, una ordenanza del CFLN crea la Asamblea Consultiva provisional. Su objetivo es reunir a los representantes de la Resistencia y a antiguos parlamentarios para formar una representación lo más diversa posible de lo que puede ser la opinión nacional en este periodo. Inicialmente formada por 84 miembros y luego por 103, sus asientos se amplían a 248 después de su transferencia de Argel a París en octubre de 1944. Su función en el CFLN es principalmente consultiva y concierne a todos los problemas políticos que surgen en Francia, en un contexto en el que pronto se producirá la liberación del territorio nacional. De acuerdo con su vocación provisional, en octubre de 1945 deja de reunirse en beneficio de una Asamblea Constituyente.

EL DERECHO AL VOTO DE LAS MUJERES EN FRANCIA

LAS AMBIGÜEDADES DE UN ANTIGUO PRINCIPIO

La implementación del derecho al voto de las mujeres en Francia responde a una concepción particular del sufragio universal y del concepto de ciudadanía. Efectivamente, desde la Revolución, la ciudadanía en el modelo francés está concebida como un todo, lo que implica la falta de diferenciación entre los individuos. Estos últimos, por lo tanto, son vistos como iguales y en ningún caso pueden ser divididos en diferentes cuerpos de acuerdo con ciertas particularidades: es la noción de individuo abstracto presentada por el historiador Pierre Rosanvallon. Así pues, las instituciones no reconocen a las mujeres como un electorado distinto, a diferencia de Inglaterra, donde su acceso al sufragio equivale precisamente a un reconocimiento de su especificidad. La aplicación del derecho al voto para las mujeres francesas se realiza entonces mediante su asimilación a los principios republicanos preexistentes. Por lo tanto, las electoras votan en los mismos colegios que los hombres y están inscritas en el mismo registro, a diferencia de Italia, que en el mismo momento opta por el doble registro. Este universalismo rompe con las posturas de las grandes figuras del feminismo en el período de entreguerras, que hacían hincapié en una identidad política particular para las mujeres, basada en valores percibidos como propios (sabiduría, compromiso con la paz, etc.), pero también con las posturas del régimen de Vichy, que había llevado a cabo una fuerte diferenciación de la identidad de ambos sexos. Sin embargo, cabe destacar que este universalismo no impide el establecimiento —a título experimental— de una urna específicamente femenina en tres ciudades de Francia: Vienne, Grenoble y Belfort. Este experimento, que tiene el objetivo de estudiar la existencia o no de decisiones electorales propiamente femeninas, se alarga durante un período más o menos largo en cada una de estas tres ciudades.

Francia e Inglaterra, dos concepciones diferentes del sufragio femenino

En Francia, las mujeres históricamente han sido consideradas no aptas para la ciudadanía y confinadas a funciones relacionadas con los asuntos privados debido a una diferencia de naturaleza. Esta idea, presente desde la Revolución, se implanta de forma permanente en la sociedad a través del Código Civil. Pierre Rosanvallon, que elabora una historia intelectual de la ciudadanía, pone de relieve las diferencias que albergan en este punto los modelos francés e inglés.

En Inglaterra, el reconocimiento de una especificidad femenina es precisamente lo que da lugar a la obtención del voto de la mujer: puesto que tienen una identidad distinta de la de los hombres, no pueden ser representadas por ellos. En Francia, por el contrario, la consideración de esta especificidad impide a las mujeres acceder a la ciudadanía durante mucho tiempo, ya que integrarlas en el sufragio en estas condiciones habría implicado admitir la existencia de un electorado distinto. De hecho, la tradición democrática de los dos países se basa en dos definiciones diferentes del interés general. En Inglaterra, este se considera como el resultado de varios intereses particulares; por lo tanto, podemos admitir que «las mujeres conquistan derechos políticos a causa de su especificidad»[1], tal como resume Rosanvallon (Rosanvallon 1992). En Francia, el interés general trasciende todos los intereses particulares: no podemos considerar la existencia de diferentes grupos de ciudadanos, ya que la noción de ciudadanía es indivisible. De este modo, la aplicación del derecho al voto de las mujeres resulta de la aplicación de los principios universalistas (el reconocimiento del derecho a la ciudadanía como ser humano, sin distinción de sexo), y no de la idea de una especificidad natural propia para cada género.

1848-1944: UN DESFASE EXCEPCIONAL ENTRE SUFRAGIO MASCULINO Y FEMENINO

Las razones comúnmente aceptadas para explicar el período de casi un siglo que separa, en Francia, la instauración del sufragio masculino y el femenino son la debilidad de los movimientos sufragistas y la fuerte influencia de la religión. Sin embargo, estas explicaciones —aunque no son falsas— no son suficientes para justificar dicho retraso. Como destaca Pierre Rosanvallon, algunos países donde la democracia

---

1. Todas las citas han sido traducidas por 50Minutos.es

estaba mucho menos avanzada concedieron el derecho de voto a las mujeres mucho antes que Francia (India en 1921, Turquía en 1934 y Filipinas en 1937). Lo mismo ocurre con países con el catolicismo como religión del Estado (Polonia en 1918, Bélgica en 1921 e Irlanda en 1922).

Según él, también hay que buscar la causa de este retraso en la concepción de la ciudadanía tal como se estableció históricamente en Francia. A pesar de haber participado en la Revolución, las mujeres rápidamente fueron excluidas de la ciudadanía durante los años posteriores al acontecimiento. De hecho, la sociedad moderna se basa en gran medida en la unidad familiar, y no en el individuo. Desde 1804, el Código Civil ancla esta concepción de la sociedad de forma duradera y, si existe la ciudadanía, la responsabilidad de ejercerla recae en el cabeza de familia. La mujer, considerada diferente del hombre por naturaleza, está bajo la tutela de este y es relegada a funciones específicas (familiares y domésticas) que no se pueden confundir con los asuntos políticos. Admitir que las mujeres puedan ser ciudadanas de la misma manera que los hombres implicaría cuestionar los fundamentos de la sociedad tal como se concebía en el momento. Puesto que el concepto de ciudadanía a la francesa es indivisible, trasciende todos los intereses particulares y no podemos admitir que haya varios grupos de ciudadanos, de diferentes naturalezas y que representen intereses propios; esto implicaría arriesgarse a desestructurar la unidad familiar, ya que admitiríamos que sus miembros pudieran expresar opciones políticas propias. En otras palabras, se daría prioridad a la función del individuo por encima de la de la familia, algo inaceptable.

EL APRENDIZAJE DEL DERECHO AL VOTO Y LA SENSIBILIZACIÓN CON LOS ASUNTOS CÍVICOS

Al final de la guerra, 12 millones de mujeres se convierten en electoras y tienen la oportunidad de participar en las siete elecciones que tienen lugar entre abril de 1945 y noviembre de 1946. Aunque el tema sigue siendo secundario, en la prensa encontramos varios artículos para informar a las ciudadanas sobre cómo votar cuando se acercan las primeras elecciones (cómo registrarse en las listas electorales, cómo transcurre la votación, etc.). Algunos están preocupados por la desigualdad de acceso a esta información según las áreas geográficas y subrayan la dificultad de ejercer su deber cívico en las áreas apartadas. Así, François Mauriac (escritor francés, 1885-1970) habla de ello en *Le Figaro* el 12 de octubre de 1945: «¿Cuántos de vosotros el domingo ignoraréis el destino del país? En la mayoría de los casos, la abstención no obedece a razones muy complicadas. Para las madres de familia (lo he constatado yo mismo), estar lejos del pueblo implica no poder dejar a los niños solos». (Denoyelle 1998, 76-98).

Las asociaciones femeninas, ya sean políticas o religiosas, también trabajan para sensibilizar a las mujeres con sus nuevos deberes cívicos. Como destaca Bruno Denoyelle, tanto los periódicos de época como los testimonios de aquellas que tenían edad de votar durante la Liberación insisten en que el voto de las mujeres no se percibe como un derecho o un nuevo avance democrático, sino como un imperativo cívico, un deber patriótico que sería deshonroso eludir. Sin embargo, parece que la opinión sobre el tema varía según las generaciones. Esto es lo que demuestra Lucie Aubrac, cuando evoca el recuerdo de su madre: «Me acuerdo de su irritación los domingos electorales antes de la guerra, cuando mi padre iba a votar. Para esta mujer de Borgoña, era una injusticia que la Resistencia había reparado. No se perdía una votación. Para nosotras, las mujeres jóvenes que nos hemos vuelto importantes en el plano cívico gracias a nuestros compromisos bajo la Ocupación, la tarjeta de votante era algo natural [...]. Los periodistas se sorprendían con el fervor de las personas más mayores y con la desenvoltura de la juventud» (Aubrac 1995, 62-64).

¿UNA VERDADERA EMANCIPACIÓN POLÍTICA?

El empoderamiento político de las mujeres no es tan eficaz como parece. Como destaca Bruno Denoyelle, incluso cuando ya pueden votar, estas últimas permanecen muy influenciadas por el voto masculino. El influjo paterno es importante, especialmente para las mujeres que llegan a la Liberación durante la edad adulta ya que, durante toda su infancia, su padre era el único en poder votar en la casa y, por lo tanto, el único que tenía un interés genuino en informarse sobre los asuntos políticos. Así pues, si han oído hablar de estos temas durante sus años de juventud, muy a menudo ha sido a través de la figura paterna.

Para las más mayores, la influencia marital reemplaza la influencia paterna. El marido, de hecho, puede desempeñar un papel de mediador en los asuntos políticos, ya que tiene un acceso más fácil a la información, ya sea a través de su actividad profesional o de su nivel de educación —generalmente más alto que el de su esposa, ya que en esa época las mujeres a menudo realizaban estudios cortos para dedicarse a la vida doméstica—. Cabe destacar, siguiendo Bruno Denoyelle, que, durante la Liberación, el 34 % de las mujeres no lee ningún periódico, contra el 18 % de los hombres; para las que leen, el título generalmente lo elige el marido, lo que significa que este último ejerce una influencia indirecta sobre las opiniones políticas de su esposa.

Por último, junto al peso de las ideas del padre y del marido, las mujeres también pueden ser influenciadas por los sacerdotes, sobre todo en el campo. Esta idea ha contribuido durante mucho tiempo a la negativa de la clase política de abrir el voto a las mujeres, ya que los sacerdotes son vistos como mayoritariamente partidarios del voto conservador. Hasta principios del siglo XX, esta supuesta influencia incluso era percibida como una amenaza para el régimen republicano, que se acababa de establecer y que se desarrollaba sobre ideas claramente anticlericales. Al final de la Segunda Guerra Mundial la amenaza ya ha quedado atrás, pero la Iglesia, así como las organizaciones políticas, busca igualmente supervisar el voto de sus fieles. Esta voluntad se muestra sobre todo a través de la Unión Femenina Cívica y Social, una asociación que alienta a las mujeres a cumplir con su deber como ciudadanas, al tiempo que les anima a recordar los preceptos católicos a medida que entran en la cabina de votación.

En resumen, para Bruno Denoyelle, los sacerdotes, junto

con los padres y los esposos, forman un «triángulo de socialización» que enmarca las prácticas cívicas de las mujeres de la época, impidiendo su verdadera emancipación política (Denoyelle 1998, 76-98).

REPERCUSIONES

LA REPRESENTACIÓN POLÍTICA DE LAS MUJERES: UNA EVOLUCIÓN LENTA QUE TODAVÍA ESTÁ POR TERMINAR

En la práctica, el derecho al voto y a la elegibilidad de las mujeres no ha conllevado un gran cambio en la representación política de estas últimas. A pesar de la efímera ocupación de puestos de responsabilidad por parte de las heroínas de la Resistencia durante los años 1944-1945, las mujeres, en un primer momento, cuentan con muy poca representación en la escena política durante los años de posguerra. Así, durante las elecciones legislativas de noviembre de 1946, solo salen elegidas 35 diputadas de un total de 627 escaños. A continuación, el número de mujeres presentes en la asamblea cae sustancialmente hasta los años setenta, y la cifra que acabamos de mencionar no se supera hasta 1997. Ese año, 59 mujeres se convierten en diputadas, de un total de 577 escaños, lo que representa poco más del 10 % de la asamblea. Janine Mossuz-Lavau señala que en Francia este porcentaje es mucho menor que en otros países europeos: a finales de los noventa, los parlamentos suecos, alemanes y españoles cuentan respectivamente con un 40 %, un 26 % y un 25 % de mujeres.

El 1 de febrero de 2015, Francia cuenta con 151 mujeres entre sus 577 diputados, lo que representa el 26,2 % de la Asamblea Nacional. Así, el país se sitúa en el puesto 45 a nivel mundial en términos de mujeres elegidas en la Cámara Baja. El primer lugar de la clasificación lo ocupa Ruanda, cuya asamblea cuenta con un 63,8 % de mujeres. No obstante, hay que relativizar este resultado, porque la cámara ruandesa es bastante reducida (con solamente 80 escaños). De forma general, los países que están entre los cinco primeros puestos de la clasificación tienen una asamblea con menos de 100 escaños, con la notable excepción de Cuba (en cuarta posición), cuyo Parlamento tiene actualmente 299 mujeres de un total de 612 escaños, es decir, que cuenta con un 48,9 % de mujeres. A nivel europeo, Francia aparece en la clasificación por detrás del Principado de Andorra (tercera posición mundial, con una asamblea formada por un 50 % de mujeres), los países escandinavos, España, Bélgica, los Países Bajos, Alemania, Portugal, Italia, Austria, Suiza y Eslovenia. En cambio, se sitúa por delante de Grecia, el Reino Unido, Bulgaria, Estonia, República Checa, Eslovaquia e Irlanda.

La proporción de mujeres en la asamblea no es el único indicador para medir la representación política de estas últimas. También se debe tener en cuenta su presencia en los Gobiernos, sobre todo porque no necesariamente evoluciona de la misma manera que su representación en la asamblea. Durante mucho tiempo, el poder ejecutivo ha permanecido casi exclusivamente en manos de los hombres. Solo una mujer, Germaine Poinso-Chapuis (1901-1981), ocupa un puesto de ministra durante la Cuarta República (ministra de Salud y Población en 1947, durante ocho meses). Hay que esperar al año 1974 y al nombramiento de Simone Veil (nacida en 1927) a la cabeza del Ministerio de Salud para volver a ver a una mujer ocupando una posición tan importante.

En 1991, Édith Cresson (nacida en 1934) es la primera mujer —y hasta la fecha la única— que es nombrada primera ministra. Por lo tanto, la representación del sexo femenino en los Gobiernos sucesivos mejora lentamente. El nombramiento de mujeres para puestos ministeriales no es significativo hasta la segunda mitad de los años noventa, y solo a partir de finales de la década del 2000 se muestra una verdadera preocupación por la paridad en la composición de los Gobiernos. Finalmente, durante estos últimos años se han podido constatar progresos significativos: en febrero de 2014, el Gobierno francés contaba con 10 mujeres de un total de 21 miembros, es decir, con una proporción del 42,7 %. Según la Fundación Robert Schuman, esto convierte a Francia en el segundo país de la Unión Europea donde se respeta mejor la paridad en el Gobierno, por detrás de Suecia.

A nivel local, durante los últimos quince años se han constatado progresos, sobre todo debidos a la ley de 2000 sobre la paridad política. Esta ley prevé adaptar la ayuda pública concedida a los partidos en función de su respeto de la paridad durante la constitución de las listas electorales, y sus resultados son más o menos significativos en función del tipo de elección. Por último, cabe destacar que, en 2013, una ley impone la elaboración de binomios paritarios para las elecciones departamentales de marzo de 2015, velando por un estricto cumplimiento de la paridad en los futuros consejos departamentales.

LA EVOLUCIÓN DE LA PRÁCTICA ELECTORAL O EL AUMENTO GRADUAL DE LA PARTICIPACIÓN DE LAS MUJERES

Las cifras de la participación en los diferentes comicios muestran que, durante los 25 años posteriores a la integración de las mujeres en el sufragio universal, la abstención sigue siendo significativamente mayor entre estas que entre los hombres. Solamente las primeras elecciones que se celebraron después de la guerra contaron con una participación casi igual de ambos sexos, pero hay que relativizar estos resultados, ya que muchos hombres, todavía presos, no habían regresado a Francia. Su ausencia también había preocupado a una parte de la clase política, que temía las consecuencias de unas votaciones masivamente femeninas, en un momento en el que las opciones electorales de las mujeres seguían siendo un gran misterio. Posteriormente, algunos estudios realizados durante las distintas elecciones muestran que las mujeres son mucho menos propensas que los hombres a ejercer su derecho —hasta el final de los años sesenta—, algo que Janine Mossuz-Lavau designa como un período de aprendizaje. A continuación, los años setenta muestran un aumento de la participación femenina y una reducción gradual de la brecha con la de los hombres, una tendencia que se confirma durante los años ochenta. Hoy en día, la brecha ha desaparecido, y la proporción de mujeres y hombres que van a votar se ha igualado. Así pues, su ejercicio del derecho al voto ha evolucionado más rápido que el del derecho a la elegibilidad.

Las razones de esta evolución

Para Janine Mossuz-Lavau, esta evolución puede explicarse por varios factores, entre los cuales se encuentra, en primer lugar, el nivel de estudios, ya que el acceso de las mujeres a la educación superior aumenta significativamente a partir de la segunda mitad del siglo XX. En 1950, de 125 000 estudiantes en Francia, solo hay 44 000 mujeres; en 1971, hay 70 000 mujeres más que hombres en la universidad. El interés por la política aumenta con el nivel de educación, por lo que la reducción de la brecha entre hombres y mujeres en esta materia puede contribuir a explicar la de la brecha en materia de participación electoral. Janine Mossuz-Lavau también hace hincapié en que, a partir de los años setenta, la diferencia de participación electoral se observa sobre todo entre las generaciones de gente más mayor, es decir, en las generaciones en las que las diferencias entre el nivel de instrucción de los cónyuges siguen siendo considerables.

El segundo factor, que está relacionado con el primero, concierne al aumento del número de mujeres presentes en el mercado laboral. Estas, que en 1954 representan el 34,6 % de la población activa, pasan a ser el 44 % en 1991. Su posición en la jerarquía profesional también mejora puesto que, de 1954 a 1989, la proporción de mujeres en la categoría de los altos ejecutivos y de las profesiones liberales pasa del 13,8 % al 28,8 %. Sin embargo, Janine Mossuz-Lavau señala que el trabajo influye en el comportamiento político de las mujeres, que a su vez están más politizadas y son más propensas a elegir un candidato u otro según el lugar que ocupan en el mundo del trabajo. Por lo tanto, el ejercicio de una actividad profesional contribuiría a la emancipación política de las mujeres.

El último factor mencionado concierne a la disminución de la influencia religiosa. Un sondeo del IFOP (Instituto Francés de Opinión Pública) realizado en 1952 revela que el 52 % de las mujeres afirma ir a misa todos los domingos (frente al 29 % de los hombres), mientras que el 40% de las mismas dice que reza todos los días (frente al 18 % de los hombres); en 1991, la diferencia se reduce considerablemente: el 11 % de las mujeres y el 9 % de los hombres dicen que van a la iglesia al menos una vez a la semana. Aunque esta evolución no puede explicar el aumento de la participación electoral femenina, puede influenciar en sus decisiones electorales.

EN RESUMEN

1494
Sept.: primera guerra de Italia

1515
25 en.: llegada al trono de Francisco I

Ag.: inicio de la quinta campaña de Italia

8 sept.: Tratado de Gallarate

13-14 sept.: **batalla de Marignano**

13 oct.: Francisco I se convierte en duque de Milán, de Parma y de Plasencia

1516
29 nov.: Tratado de Friburgo

1559
Final de las guerras de Italia

- El hecho de que Francia conceda el derecho al voto a las mujeres más bien tarde en comparación con algunos de sus vecinos europeos (los países escandinavos y anglosajones) se puede explicar por una diferencia en la concepción de la ciudadanía, el miedo a la influencia clerical sobre las mujeres y la herencia de una concepción familiar procedente del Código Civil. Del mismo modo, a finales del siglo XX, la representación de las mujeres en las instancias políticas francesas se mantiene muy por debajo en comparación con muchos otros países europeos.

- En Francia, el derecho al voto de las mujeres se obtiene después de varios años de debates sobre el tema, en el contexto de la Liberación. En ese momento, se percibe como un acontecimiento secundario en relación con los problemas a los que se enfrenta el país entonces.

- A pesar de que este avance es un paso importante hacia la emancipación de las mujeres, es paradójico, ya que estas últimas se enfrentan a la dificultad de emanciparse en el plano profesional. Esta situación se debe sobre todo a la política familiar del Gobierno, que conduce a reformas sociales sin duda innovadoras pero que, sin embargo, alientan a las mujeres a limitarse a su función materna y doméstica. Con todo, las grandes asociaciones femeninas de la época apoyan este movimiento, ya que lo ven como una oportunidad para que las mujeres desempeñen un papel principal en la recuperación del país, inspirándose en los valores de la Resistencia.

- La tradición democrática francesa considera que la ciudadanía es indivisible. Así pues, Francia no reconoce ni grupos de ciudadanos específicos ni órganos electorales particulares. Las mujeres francesas se integran en el sufragio en nombre de la universalidad de los derechos y no a causa de su especificidad, como ocurrió en Inglaterra.

- Las electoras se rigen por las normas republicanas preexistentes: votan en condiciones idénticas a las de los hombres, excepto durante experimentos puntuales y locales que se llevan a cabo para estudiar sus decisiones electorales. Estas descubren las modalidades de votación sobre todo a través de la prensa y de las asociaciones femeninas.

- Las mujeres de la época perciben este nuevo derecho sobre todo como una obligación, un imperativo al que sería inapropiado no adaptarse. Por otra parte, estas primeras votantes probablemente no estaban tan emancipadas como parece, ya que seguían estando muy influenciadas por las opiniones políticas de los hombres.
- Durante los años posteriores a su obtención del derecho al voto, las mujeres cuentan aún con muy poca representación en las diferentes instituciones políticas. Esta tendencia evoluciona lentamente a lo largo de las décadas, pero hoy en día el problema de la paridad hombres/mujeres en la política sigue siendo una realidad.
- Los 25 años siguientes a la entrada de las mujeres en el sufragio universal reflejan una tendencia a la abstención más importante entre estas que entre los hombres. La participación femenina no aumenta hasta los años setenta, para acabar igualando progresivamente la de los hombres.
- Este aumento de la participación va acompañado de una mayor autonomía de las mujeres en sus decisiones electorales. Esta evolución puede explicarse por el aumento de su nivel de educación, su presencia más importante en el mercado laboral y la disminución de las prácticas religiosas.

¡Tu opinión nos interesa!
¡Deja un comentario en la página web de tu librería en línea,
y comparte tus favoritos en las redes sociales!

PARA IR MÁS ALLÁ

FUENTES BIBLIOGRÁFICAS

- Aubrac, Lucie. 1995. "Témoignage. Le vote des femmes". *Matériau pour l'histoire de notre temps*, n.º 39, 62-64.
- Denoyelle, Bruno. 1998. "Des corps en élections. Au rebours des universaux de la citoyenneté: les premiers votes des femmes (1945-1946)". *Genèse*, n.º 31, 76-98.
- Duby, Georges, Michelle Perrot y Françoise Thébaud. 1992. *Histoire des femmes en occident. Le xxᵉ siècle*. París: Plon.
- Fundación Robert Schuman. 2014. "L'Europe aux féminin: pour une parité dans les institutions de l'Union renouvelées en 2014". *Question d'Europe*. 3 de marzo. Consultado el 19 de mayo de 2017. http://www.robert-schuman.eu/fr/questions-d-europe/0304-l-europe-au-feminin-pour-une-parite-dans-les-institutions-de-l-union-renouvelees-en-2014
- Inter-Parliamentary Union, "Les femmes dans les parlements nationaux. État de la situation au 1ᵉʳ février 2015". Consultado el 19 de mayo de 2017. http://www.ipu.org/wmn-f/classif.htm
- Mossuz-Lavau, Janine. 1997. "L'évolution du vote des femmes". *Pouvoirs, revue française d'études constitutionnelles et politiques*, n.º 82, 35-44.
- Mossuz-Lavau, Janine. 1993. "Le vote des femmes en France (1945-1993)". *Revue française de science politique*, n.º 4, 673-689.
- Riot-Sarcey, Michèle. 2002. *Histoire du féminisme*. París: La Découverte.

- Rosanvallon, Pierre. 1992. *Le sacre du citoyen. Histoire intellectuelle du suffrage universel en France*. París: Gallimard.

FUENTES COMPLEMENTARIAS

- Bonnet, Marie-Josèphe. 2012. *Histoire de l'émancipation des femmes*. Rennes: Ouest-France.
- Ediciones del Congreso de la República. 1971. *Sufragio y democracia. Seisquicentenario de la Batalla de Carabobo*. Texas: Ediciones del Congreso de la República.
- Park, Jihang. 1990. "Les caractéristiques des militantes britanniques pour le droit de vote des femmes au début du siècle". *Actes de la recherche en sciences sociales*, n.º 84, 57-62.
- Frévert, Ute. 1992. "Qu'est-ce qu'être allemande? De la polémique politique à la recherche historique". *Vingtième Siècle*, n.º 34, 163-174.

FUENTES ICONOGRÁFICAS

- Retrato de Flora Tristán que data de 1838. La imagen reproducida está libre de derechos.
- Retrato de George Sand. La imagen reproducida está libre de derechos.
- Louise Weiss junto con otras sufragistas que sostienen periódicos en los que se puede leer «La mujer francesa debe votar», en 1935. La imagen reproducida está libre de derechos.
- Movimiento de las sufragistas en Kingsway en 1911. La imagen reproducida está libre de derechos.

- Retrato de Simone Veil en 1933. © Rob C. Croes / Anefo.

¡APRENDER NUNCA ANTES FUE TAN RÁPIDO!

www.en50minutos.es

www.en50Minutos.es

ISBN ebook: 9782806298867

ISBN papel: 9782806298874

Depósito legal: D/2017/12603/353

Cubierta: © Primento

Libro realizado por Primento, el socio digital de los editores